Kjell Espmark

Skapelsen / La creación

© Bruno Ehrs

Kjell Espmark

Kjell Espmark

Skapelsen / La creación

Traducido por
FRANCISCO J. URIZ

BOLCHIRO

Skapelsen / La creación

Grupo Bolchiro (www.bolchiro.com)
Zurbano, 47 - Madrid, 28010
180 Varick Street - New York, NY 10014

Publicerad med stöd av Kulturrådet
Publicado con la ayuda del Consejo de las Artes de Suecia

ISBN del libro impreso: 9788415211983
ISBN del libro electrónico: 9788415211990

Innehåll / Índice

Den här utgåvan

Vi har äran att presentera en första och tvåspråkig utgåva av Kjell Espmark nya diktsamling *Skapelsen*.

Ett stort tack till Kjell Espmark för generositeten att låta oss publicera dessa dikter och för inläsningen av de dikter som ingår i den elektroniska versionen av boken.

Vi vill även tacka Francisco J. Uriz för en omsorgsfull översättning och ett ovärderligt stöd i framtagandet av den här boken.

Bolchiro förlag

Esta edición

Tenemos el honor de presentar, en primicia y en edición bilingüe, *La creación*, el nuevo poemario de Kjell Espmark.

Nuestro agradecimiento a Kjell Espmark por su generosidad al ofrecernos estos poemas para su publicación y por su lectura de los que se incluyen en la versión electrónica de este libro.

Queremos también agradecer a Francisco J. Uriz su cuidada traducción e inestimable ayuda, sin las cuales este libro no hubiera sido posible.

Bolchiro Ediciones

Skapelsen / La creación

Ordet

När ni drog vidare
ut bland skrämmande stjärnbilder
och lämnade mig hitom Jordan,
tog ni ett halvfärdigt hemland med er.

Jag blev en hop bortkomna knotor
gnagda av gamar och hyenor
och slipade blanka av blåst och sand.
Men resterna av revbenskorg
höll kvar vad den efterblivne förstått.

Och det som verkligen är jag i mig
gav sig inte. Denna vilsna fladdrande låga
har irrat längs dammiga vägar,
som varken var damm eller vägar,
för att söka er, de mina.

Jag ville lägga mitt ålderdomliga ord
i era drömmar, utan att väcka er. Viska:
Skapelsen är ännu ofullbordad.
Och det är er den hoppas på.
Jag anar hur ni vänder er i sömnen
med händer som griper i tomma luften
som för att försvara sig.

La palabra

Cuando seguisteis vuestro camino
por las pavorosas galaxias
y me dejasteis a este lado del Jordán,
os llevasteis una patria a medio hacer.

Me convertí en un montón de huesos desorientados
roídos por hienas y buitres
pulidos relucientes por viento y arena.
Pero los restos del tórax
retuvieron lo que entendió el abandonado.

Y lo que realmente soy yo en mí
no se rindió. Esta extraviada llama palpitante
ha vagabundeado por caminos polvorientos,
que no eran ni polvo ni caminos,
para buscaros a vosotros, los míos.

Quise poner mi palabra antigua
en vuestros sueños, sin despertaros. Susurrar:
La Creación todavía está incompleta.
Y es en vosotros en quienes confía.
Me imagino cómo os dais vuelta en el sueño
con manos que agarran el aire vacío
como para defenderse.

Men varför ligger ni så många,
hjälplöst tryckta mot varandra,
på något slags bäddar av skitiga bräder?
Och varför är ni så utmärglade?

Jag vill sprida i er det jag förstått,
som ringar över ett sovande vatten.
Men varför är vattnet så mörkt?
Och varför skälver det oavbrutet?

Pero ¿por qué yacéis tantos ahí,
desamparados y apretados unos contra otros,
en una especie de camastros de tablones sucios?
¿Y por qué estáis tan demacrados?

Yo quiero difundir en vosotros lo que he comprendido,
como círculos sobre un agua dormida.
Pero ¿por qué está el agua tan oscura?
Y ¿por qué se estremece sin cesar?

Arioso

Jag störtade ut, förvandlad till lågor,
ur biblioteket i Alexandria.
De nio papyrusrullar som hyst mig,
ännu sprakande av sviken kärlek,
förbyttes i gnistor och stigande flagor.
Och jag dog för andra gången.

Fragment av mig blev kvar som citat.
Mitt ord för himmel högg tag i en lärd pedant –
han klamrade vid skrivpulpeten
när det blå helt plötsligt blev djupnande *blått*.
Ett pronomen använt på ovanligt sätt
förhäxade en grammatiker. Ordet
som skrev sig i guld och grönt – en skalbagge! –
öppnade sina täckvingar och lyfte
för att bära sitt sammanhang genom seklen.

Andra fragment av det som var Sapfo
blev kvar som flagor på de passerande
för att "ropa tillbaks den hon länge älskat".

Ord som svedde vinden: Vad ville du med mig
när jag klövs som ett vedträ,
"skakande av åtrå och plötsligt knäsvag"?

Jo, min berusning fanns kvar,
skonad av sin broder elden,
och fann en tillflykt hos en ensam kvinna

16

Arioso

Salí en tromba de la biblioteca de Alejandría
convertida en llamas.
Los nueve rollos de papiro que me habían albergado,
chisporroteando aún de amor traicionado,
se transformaron en chispas y pavesas ascendentes.
Y morí por segunda vez.

Fragmentos de mí quedaron como citas.
Mi palabra para cielo atrapó a un meticuloso ilustrado –
él se aferraba al escritorio
cuando el azul de repente se hizo *azul* más intenso.
Un pronombre utilizado de forma inusual
fascinó a un gramático. La palabra
que se escribió en oro y verde – ¡un escarabajo! –
abrió sus élitros y despegó
para llevar su contexto a través de los siglos.

Otros fragmentos de lo que fue Safo
permanecieron como pavesas en los que pasaban
para "hacer regresar a quien ella había amado tanto tiempo".

Palabras que quemaron el viento: ¿Qué querías tú de mí
cuando me partí como una astilla
"palpitando de deseo y de repente tan sin fuerzas"?

Sí, mi embriaguez seguía existiendo,
indultada por su hermano el fuego,
y encontró refugio en una mujer sola

i det gröna skenet från en oljelampa,
susande i kvällen bland häpna harkrankar.
Hon klottrade dikt på avrivna lappar.
Såg upp när någon ropade: Emily!
– ett ögonblick försvarslös.
Då for min yrsel in i huvudet på henne.
Ringandet i det som var mina öron
tog plats i hennes
och jag svettades i hennes hud
vid tanken på den älskade.
Hennes språk begrep jag väl inte
och smärtan från njurarna var inte min.
Men hennes rysning krävde ingen översättning,
inte heller den häftiga rodnad
som kändes långt ner på halsen.

en el verde resplandor de una lámpara de petróleo,
susurrando en la noche entre asombradas típulas.
Ella garabateaba poemas en hojas arrancadas.
Levantó la mirada cuando alguien gritó: ¡Emily!
– indefensa un instante.
Entonces mi vértigo se metió en su cabeza.
El repique en lo que eran mis oídos
se metió en los de ella
y yo sudaba en su piel
al pensar en el amado.
Claro que no entendí su idioma
y el dolor de los riñones no era mío.
Pero su estremecimiento no necesitaba traducción,
ni tampoco su violento rubor
que se notó hasta muy por debajo del cuello.

Tecknens kraft

Ni känner mig som Yan Zhenqing,
mästaren av den upprätta penseln.
Men kejsaren fann annat bruk för mig.
Revolterna sönderslet riket den tiden.
Söner stack kniven i sin far
och kvinnorna slets upp som höns.
Den verklighet vi ärvt föll sönder.
Ja, själva månen brändes till aska.

Min tapperhet under motståndet
hade gjort mig till minister.
Men min raka kritik av korrupta hovmän
väckte högste rådgivarns vrede.
Han sände mig att tillrättavisa
upprorsledaren Li Xili
och plikta för skymfen med mitt liv.

Men Li ville köpa över mig. Det berättas
att han tände en brasa på gården
med hot att kasta ett nej i elden.
Och att jag väckte hans respekt
när jag självmant gick mot lågorna.
Det som verkligen hände vill minnet radera.

Min stil som jag fann först efter femtio
berättar allt detta för er.
Ett penseldrag börjar och slutar vekt

La fuerza de los signos

Me conocéis como Yan Zhenqing,
el maestro del pincel vertical.
Pero el emperador me encontró otra utilidad.
En aquellos tiempos las revueltas desgarraban el imperio.
Los hijos acuchillaban a sus padres
y las mujeres eran abiertas en canal como gallinas.
La realidad que heredamos se desmoronó.
Sí, hasta la propia luna se quemó en cenizas.

Mi valentía durante la resistencia
me había hecho ministro.
Pero mi directa crítica de los cortesanos corruptos
despertó la ira del consejero supremo.
Me envió a reprender
al líder de la revuelta Li Xili
y pagar con mi vida por la afrenta.

Pero Li quiso comprarme para su bando. Se dice
que encendió una hoguera en el patio
con la amenaza de arrojar un No al fuego.
Y que yo desperté su respeto
cuando por propia voluntad fui hacia las llamas.
La memoria quiere borrar lo que ocurrió de verdad.

Mi estilo, que no encontré hasta llegar a los cincuenta,
les cuenta a ustedes todo esto.
Una pincelada empieza y termina suave

som kvinnan jag länge älskat
men tecknets kropp är en krigares.
Bara så förmår skriften gripa in.

Jag var nu ytterst på mitt bugande grässtrå.
Den sista natten i templet Longxing
skrev jag under min väntan på bödeln.
Den raka, sakliga skriften
gav plundrade ord deras innebörd åter.
Den tvingade askan bli måne på nytt,
fyllde dammen till en spegel för den
och gav Buddha i templet hans armar tillbaka.
De som kom för att strypa mig
förskräcktes över tecknens kraft.

como la mujer que he amado mucho tiempo
pero el cuerpo del signo es el de un guerrero.
Sólo así consigue intervenir el escrito.

Estaba yo entonces en la punta de mi ondulante brizna de
hierba.
La última noche en el templo de Longxing
escribí mientras esperaba al verdugo.
La escritura directa, fáctica
devolvió a las palabras saqueadas su significado.
Obligó a la ceniza a ser de nuevo luna,
llenó el estanque formando un espejo para ella
y devolvió sus brazos al Buda del templo.
A los que vinieron a estrangularme
los horrorizó la fuerza de los signos.

Sibylla

Det enda jag önskar är att få dö.
Det vägras mig, sen tidens begynnelse.
Jag hänger här upp och ner i min flaska
som en sovande fladdermus i sin grotta.
Eftersom jag varit med så länge
förväntas jag känna det kommande –
det är en logik lika avig som kjolen
som faller ner över bröstet
och blottar mitt vissnade kön för världen.
Det är det förflutna som skrivs på min hud.

Jag har sett mina barn och barnbarn dö
och deras barnbarns barnbarn försvinna.
Mina ögon har torkats ut av tårar
till kulor av känslolöst ben. Och mitt hjärta
– det är av skrynkligt läder –
slår bara ett slag i minuten.

Jag förnimmer hjälplös hur seklen passerar
dränkta av blod och avföring
och skälvande av barnens skräck.
Världen tycks ha samma bruna färg
som min kropp och min utslitna kjol –
som om jag haft del i dess skapelse.

Ja, kanske är ni alla mina barn,
jag minns ju inte. Jag hör er lida

Sibila

Lo único que deseo es morir.
Se me viene negando desde el principio de los tiempos.
Estoy colgada bocabajo aquí en mi botella
como un murciélago que duerme en su cueva.
Como llevo tanto tiempo en esto
se espera que yo conozca el futuro –
es una lógica tan del revés como la falda
que me cae sobre el pecho
dejando al desnudo ante el mundo mi sexo marchito.
Es el pasado lo que está escrito en mi piel.

He visto morir a mis hijos y nietos
y desaparecer a los nietos de sus nietos.
Las lágrimas han secado mis ojos
transformándolos en canicas de hueso insensible.
Y mi corazón –es de cuero arrugado–
sólo late una vez por minuto.

Percibo desvalida cómo pasan los siglos
ahogados en sangre y excrementos
y temblando por el miedo de los niños.
El mundo parece tener el mismo color marrón
que mi cuerpo y mi falda raída –
como si yo hubiese participado en su creación.

Sí, quizá seáis todos vosotros hijos míos,
no lo recuerdo. Os oigo sufrir

men kan inte lyfta ett finger
till ert försvar. Allt jag törs vänta
är att svett och tårar ska imma glaset
så jag slipper se.
Om bara inte denna envisa ton,
så hög att bara jag och hundarna hör den,
pinade mig med sitt hopp.

pero no puedo levantar un dedo
en vuestra defensa. Todo lo que me atrevo a esperar
es que sudor y lágrimas empañen el cristal
para no tener que ver.
Si sólo este obstinado tono,
tan agudo que sólo lo oímos los perros y yo,
dejase de torturarme con su esperanza.

Kör

Vi var de tidigt bländade,
dessa som uppsökte Solens gård
för att stjäla hans hästar åt er
men överraskades i stalldörrn –
vi vacklar ännu med armen av mörker
höjd till skydd för svartbrända ögon.
Minns oss.

Vi var slavarna som reste sig
mot de blänkande hjälmarna
med bara girighet under metallen.
Vi försökte befria kvinnor och barn
böjda under sekler av sten,
sten till bygget av segrarns historia.
Och vi spikades upp på kors efter kors
längs vägen från Rom till Capua.
Minns oss.

Det var vi som skördade bomull på fälten
också om natten sedan vi stupat –
och gav er privilegiet att drömma.
Våra ansikten är ett stycke av mörkret.
Minns oss.

Vi är dessa som ströps i snaror av ståltråd
efter ett misslyckat attentat mot diktatorn

Coro

Fuimos los que pronto quedamos cegados,
los que visitamos la finca del Sol
para robarle sus caballos para vosotros
pero fuimos sorprendidos a la puerta del establo –
todavía vacilamos con el brazo de tinieblas
levantado como protección de los ojos quemados.
Recordadnos.

Fuimos los esclavos que nos rebelamos
contra los yelmos resplandecientes
con solo codicia bajo el metal.
Tratamos de liberar mujeres y niños
aplastados bajo siglos de piedra,
piedra para la construcción de la historia de los vencedores.
Y fuimos clavados en cruz tras cruz
a lo largo del camino de Roma a Capua.
Recordadnos.

Fuimos los que cosechábamos el algodón en los campos
también de noche después de caer extenuados –
y os dimos el privilegio de soñar.
Nuestros rostros son un trozo de oscuridad.
Recordadnos.

Somos los que fuimos estrangulados en lazos de alambre
después de un fracasado atentado contra el dictador

men hann andas in vårt hopp i er.
Minns oss.

Vi är folket som saknar namn –
det är ni som har våra namn till låns.
Vi har heller inga gravar –
det är ni som har rätten att dö.

pero que antes logramos infundiros nuestra esperanza.
Recordadnos.

Somos la gente que carece de nombre –
sois vosotros los que tenéis nuestros nombres prestados.
Tampoco tenemos tumbas –
sois vosotros los que tenéis el derecho a morir.

Evangelist

Ett dis som är genomlyst av sol
drar över Galileiska sjön
där vi står i den lutande båten
och långsamt, långsamt drar upp vårt nät.
Relingen farligt nära vattnet
när det sprattlande glittret far över durken.
Nej, det är inte fisk – det är människors själar.

Det här är det svåra året 1749
då min syn går förlorad bland smärtorna.
Det är då jag samlar all min fångst,
mina infall och andras glittrande tankar,
suckar, minnen och fjällig vrede
i en mässa som trevar efter rockskörten
på den vi i brist på ord kallar Gud.

Jag vet att när jag slutat andas
kommer ingen notis i de tyska bladen.
Och när senare plågade samveten
söker mig hittar man ingen Bach.

De vänner som strömmade genom vårt hem
tjatade på mig: - Skriv ner dina minnen.
Begrep de inte att jag gjort det?
Allt jag varit och allt jag minns
har skrivits in i mitt partitur
som ett hjärta lagt i dômens golv,
som en bröstkorg fogad i dess valv.

Evangelista

Una niebla iluminada por el sol
se extiende por el lago de Tiberíades
donde estamos en el barco inclinado
y lenta, lentamente izamos nuestras redes.
La borda peligrosamente cerca del agua
cuando el brillo bullente pasa sobre el pañol.
No, no son peces – son almas de hombres.

Este es el riguroso año de 1749
cuando mi vista se pierde entre dolores.
Es entonces cuando recojo toda mi pesca,
mis ocurrencias y las brillantes ideas de otros,
suspiros, recuerdos y escamosa ira
en una misa que busca tanteando el faldón de la levita
de aquel a quien a falta de palabras llamamos Dios.

Sé que cuando deje de respirar
no habrá noticia alguna en los periódicos alemanes.
Y cuando más tarde me busquen
conciencias torturadas no encontrarán a ningún Bach.

Los amigos que pasaban por nuestra casa
me insistían: Escribe tus recuerdos.
¿No entendían que ya lo había hecho?
Todo lo que he sido y todo lo que recuerdo
ha quedado plasmado en mi partitura
como un corazón colocado en el suelo de la catedral,
como un tórax insertado en su bóveda.

Ni vill pressa på mig en lärorik biografi,
en lekamen i styv peruk
och anletsdrag av anspråksfull sten.
Kalla mig gärna den femte evangelisten
men låt mig behålla blygsamma mått –
ni glömmer att vi var enkla fiskare
i tjänst hos den som kom över vattnet
och andades fram en rimlig värld.
Och lammen som sprang framför benen på mig
var vanliga lamm med jordiska lortar.

Mina sju exakta toner besvärjer
ett kaos av oljud och villrådighet.
Deras stränghet har nära till dansen
och säger upp varje lydnad
mot en alltför mänsklig överhet.

Det skymmer.
Europas karta är fläckad av blod.
Men violoncellen insisterar.
Och kören skapar den ordning
som världen har misslyckats med.

Queréis endosarme una biografía aleccionadora,
un cuerpo con una peluca hirsuta
y unas facciones de pretenciosa piedra.
Llamadme si queréis el quinto evangelista
pero permitidme conservar mis modestas medidas –
olvidáis que éramos humildes pescadores
al servicio de aquel que vino sobre las aguas
y creaba con su aliento un mundo justo.
Y los corderos que brincaban delante de mis piernas
eran corderos corrientes con excrementos terrenales.

Mis siete tonos exactos conjuran
un caos de ruidos e indecisión.
Su rigor está cercano a la danza
y rechaza toda obediencia
a una autoridad demasiado humana.

Anochece.
El mapa de Europa está manchado de sangre.
Pero el violonchelo insiste.
Y el coro crea el orden
que el mundo no ha logrado construir.

Kedjan

Jag var bygdens snille
som de skrattade åt på kyrkbacken,
dessa kloka som sitter så bredbent i livet.
Men att tro sig ha grepp om verkligheten
är som att skära en skåra i relingen
för att markera var gäddan höll till.

Jag var slängd i latin. Och mitt i hånet
skramlade byn ihop till en tid
för mig vid universitetet i Jena.
Där tilläts jag rentav disputera
och försvara tesen att människan finns
trots alla tecken på motsatsen.
Möjligen blev jag underkänd.
Jag vill inte minnas, ett år av förtvivlan
som sa att människan är människans varg.

Men så kom jag att höra en filosof,
hette Schelling, och jag förstod med ens
vår uppgift i världen. Bibeln har fel –
Skapelsen är inte färdig än. Måste få hjälp.
Den är full av spår som väntar på steg,
banor för tankar som inte har tänkts.
Himlen hamras ju ännu ut.
Och historien, lärde jag mig, är en kedja
där vi väntas foga länk till länk.

La cadena

Yo era el genio del pueblo
del que ellos se reían a la salida de la iglesia,
esos sabiondos que se encuentran tan seguros en la vida.
Pero creer que uno comprende la realidad
es como hacer una muesca en la borda
para señalar dónde estaba el lucio.

Yo era un hacha en latín. Y a pesar de la burla
el pueblo juntó dinero para que yo estudiase
un tiempo en la universidad de Jena.
Allí hasta me permitieron presentar y
defender la tesis de que el hombre existe
a pesar de todas las pruebas de lo contrario.
Posiblemente fui suspendido.
No quiero recordar, fue un año de desesperación
que decía que el hombre es un lobo para el hombre.

Pero entonces oí por casualidad a un filósofo,
se llamaba Schelling, y comprendí al instante
nuestra misión en el mundo. La Biblia está equivocada –
La Creación aún no está terminada. Necesita ayuda.
Está llena de huellas que esperan sus pasos,
caminos para ideas que aún no se han pensado.
El cielo todavía se está allanando.
Y la historia, aprendí, es una cadena
donde se espera que vayamos añadiendo eslabones.

Också här i byn kan vi hjälpa smeden
att smida en länk med vår kärlek i
att fogas till det som börjar i diset.
Med min kunskap är jag ett slags sekreterare
med en hemmagjord snabbskrift
för att fånga molnens mångtydigheter,
fågelflyktens förebud
och det växande ljuset i människors ögon.
Mina valna bondska händer
har bara svårt att hinna med –

También aquí en el pueblo podemos ayudar al herrero
a fundir un eslabón con nuestro amor en él
para unirlo a lo que empieza en la niebla.
Mi saber me han convertido en una especie de secretario
con taquigrafía casera
para captar las ambigüedades de las nubes,
el presagio del vuelo de las aves
y la luz creciente en los ojos de los hombres.
Sólo que mis torpes manos campesinas
tienen dificultades para seguir el ritmo –

Hades

Hades tycks vara personligt,
skräddarsytt för var och en.
I mitt kan man inte resa sig –
den svärta som här är ordet för himmel
pressar mot marken. Själv
är jag kletad längs den som en folie.
Inte ens hoppet kan lyfta sig en tum över ytan.
Om jag roddes hit från den stad jag styrt
måste båten ha varit tunn som ett spelkort
och färjkarlen flat som en klöver knekt.

Mitt brott var att riva den gamla stan –
som om jag rivit en bit av historien!
Det jag minns är en snidad port från barocken
och en trappa med målade fönster – en scen
med jungfrun och hennes hjälplöse riddare.
Jag minns nog också en sluss mellan vattnen,
formad som ett klöverblad.
Allt smulat av muntra grävskopor
som också tog med sig resten av minne.

Här finns varken höjd eller djup. Trots det
är min uppgift att rita den nya staden.
Utan att hus kan resas ur marken,
ja, utan att handen som ritar kan lyftas.
En travesti på Skapelsen!

Hades

El hades parece ser personal,
hecho a la medida de cada uno.
En el mío uno no se puede poner de pie –
la negrura que aquí es la palabra para cielo
presiona contra el suelo. Yo mismo
estoy tendido a lo largo de él como film plástico.
Ni siquiera la esperanza puede elevarse una pulgada
        sobre la superficie.
Si me trajeron aquí remando desde la ciudad que goberné
la barca tuvo que ser delgada como un naipe
y el barquero plano como una sota de oros.

Mi crimen fue demoler la ciudad vieja –
¡como si hubiese demolido un trozo de historia!
Lo que recuerdo es una puerta tallada del barroco
y una escalera con ventanas pintadas – una escena
con la doncella y su desamparado caballero.
También recuerdo bien una esclusa entre las aguas,
en forma de hoja de trébol.
Todo pulverizado por alegres excavadoras
que también se llevaron el resto del recuerdo.

Aquí no hay altura ni hondura. A pesar de eso
mi tarea es la de dibujar la nueva ciudad.
Sin que las casas se puedan levantar del suelo,
sí, sin que se pueda alzar la mano que dibuja.
¡Un remedo de la Creación!

Jag anfalls av skuggor som gläfser i ytan
med mitt gråa blod mellan tänderna.
De kräver en förklaring av mig.
Vad kan jag förklara? Allt jag vetat
är jämnat med ytan.
Här finns inte djup nog ens för ånger.

Me atacan sombras que ladran en la superficie
con mi sangre gris entre los dientes.
Me exigen una explicación.
¿Qué puedo explicar yo? Todo lo que he sabido
ha sido arrasado.
Aquí no hay suficiente hondura ni para el arrepentimiento.

Examen

Jag är alltså en "typ" som väckt intresse
hos Rasbiologiska institutet,
och kan läsas mellan raderna i rapporten
"Delvis Lappblandade typer, Espnäs".
På ett foto står fars kusin Karl-Erik
tillsammans med bröderna Per och Jöns Herbert
i finkostymen, fick hjälp med kravatten.
Ärmar och ben är pinsamt korta
och kavajtyget stramar kring knapparna
i nervositet inför provet.
Är byxornas pressveck ariska nog?
Bröderna står i lagårdshalmen
mot en vitkalkad vägg
som associerar till förintelse
och tittar allvarligt in i vår tid.
Året är 1931
och historien ska just ta ett stort steg tillbaka.

Far står utanför bilden, postumt förfärad
över sina plötsligt orena rasdrag.
Själv skakas jag av diagnosen som sådan,
ett kryp fixerat i rasbiologen
Herman Lundborgs förstoringsglas.
Det blinkande stålblå ögat
på andra sidan om linsen tvekar
om jag ska fösas tillbaka i kåtan
eller släppas in i nästa avsnitt
av Den tusenåriga planen.

Examen

Soy pues un "tipo" que ha despertado interés
en el Instituto de Biología racial
y en el informe se puede leer entre líneas
"En parte tipos mezclados con lapones, Espnäs".
En una foto está el primo de mi padre Karl-Erik
junto con sus hermanos Per y Jöns Herbert
endomingados, hubo que ayudarles con el nudo de la corbata.
Las mangas y las perneras embarazosamente cortas
y el tejido de la chaqueta se ciñe en torno a los botones
por nerviosismo ante la prueba.
La raya de los pantalones, ¿es lo bastante aria?
Los hermanos están de pie en el pajar
contra una pared encalada
que recuerda al holocausto
y miran serios a nuestro tiempo.
Es el año 1931
y la historia está a punto de dar un gran salto hacia atrás.

Padre está fuera de la imagen, póstumamente horrorizado
por sus rasgos raciales impuros de repente.
A mí el diagnóstico como tal me ha afectado,
un insecto fijado en el microscopio de Herman Lundborg
el médico del racismo científico.
El ojo azul acero que parpadea
al otro lado de la lente duda
si me van a devolver a la choza lapona
o a dejarme entrar en el nuevo capítulo
del Plan milenario.

Fars kusiner står kvar i givakt
medan fotot åldras omkring dem.
De väntar på Institutets beslut.
Som om de just lastats ut på perrongen.

Los primos de mi padre siguen en posición de firmes
mientras a su alrededor envejece la foto.
Esperan la decisión del Instituto.
Como si los hubiesen acabado de descargar en el andén.

Vredens dag

Det är vredens dag
och seklet har börjat lösas i aska.
Vi hade väl väntat att den försummade guden
skulle sända sin hyvel av eld över jorden,
inte att det var vår egen vrede
som skulle vända sig mot oss.

Cannae, Waterloo och Verdun
är svärande rester
av revben och kotor som aldrig sviker.
Också glappande käkben kräver revansch.
Vreden ger kraft åt de ryckande benfragmenten,
manar vadben och knogar till samling.
Vi har väntat länge på signalen
att Lagen resignerat
och än en gång låter allt bli möjligt.

Och nu, vid ljudet av den assyriska luren,
reser vi döda oss rasslande.
Skeva skelett som vacklar i yrsel
försöker få hjälmen att sitta på kraniet.
Vi längtar att falla de andra i strupen,
strupen som förra kriget bet av
och slita ut de andras hjärtan,
hjärtan som varit mull i sekler.
Men först ska vi dräpa de osäkra bland oss,
de som känner igen sin ångest
i fiendens tomma ögonhålor.

El día de la ira

Es el día de la ira
y el siglo ha empezado a diluirse en cenizas.
Nos habíamos esperado que el dios desatendido
enviaría su guadaña de fuego sobre la tierra,
no que iba a ser nuestra propia ira
la que iba a volverse contra nosotros.

Cannas, Waterloo y Verdún
son restos maldicientes
de costillas y vértebras que nunca traicionan.
También mandíbulas abiertas exigen revancha.
La ira da fuerza a los humeantes fragmentos de huesos,
apremia a tibias y falanges a unirse.
Hemos esperado tanto tiempo la señal
que la Ley se ha resignado
y una vez más permite que todo sea posible.

Y ahora, al sonido del cuerno asirio,
los muertos nos levantamos crujiendo.
Esqueletos torcidos que vacilan mareados
tratan de que el casco permanezca sobre el cráneo
Ansiamos tirarnos al cuello de los otros,
los cuellos que cortó la guerra anterior
y arrancar los corazones de los otros,
corazones que han sido polvo durante siglos.
Pero antes mataremos a los inseguros que hay entre nosotros,
los que reconocen su angustia
en las cuencas oculares vacías del enemigo.

Sen kan vi lägga de städer i aska
som redan länge varit aska.
Och det är nu
och tusen år sen.

Después podemos reducir a cenizas las ciudades
que llevan siendo ceniza mucho tiempo.
Y ocurre ahora
y hace mil años.

Credo

I stället för att söka Den stora synen
borde du ägna din dag åt avlandets nöjen
och sedan gå ut med din kvinna i månljuset,
lyssna till den enda lutan
och känna den kyliga luften dra över nacken.
Det rådet fick du av mig, Li Zhi,
som en gång försökte lära dig skriva
som haren hoppar och falken slår,
inte för att bli citerad.
Försök inte försvara dig med
att många vill bränna dina böcker.
Den verkliga texten
brinner medan handen skriver –
papperet kröks med svartnande kanter.

På yttersta spetsen av det hårstrå
där du osedd skulle bygga din hydda
fann du en akademi.
Jag är besviken på dig.
Har du glömt mig som kastats i fängelse
för min maning till ständigt tvivel,
med månen som enda vän
och en rakkniv som slutsats.

Nu vill jag alltså lära dig leva
som spyflugan flinar åt smällan
och som den tidlösa kackerlackan
tar en genväg genom elden.

Credo

En lugar de buscar La gran visión
deberías dedicarte al placer de procrear
y después salir con tu mujer a la luz de la luna,
escuchar el solitario laúd
y sentir el aire fresco rozarte la nuca.
Es el consejo que te di, Li Zhi,
yo que una vez traté de enseñarte a escribir
tal como salta la liebre y ataca el halcón,
no para ser citado.
No trates de defenderte con que
muchos quieren quemar tus libros.
El verdadero texto
arde mientras la mano escribe –
el papel se retuerce con los borde ennegrecidos.

En el extremo más extremo de ese cabello
donde tú, sin que te vieran, ibas a construir tu choza
encontraste una academia.
Me has decepcionado.
¿Te has olvidado de mí que he sido encarcelado
por mi exhortación a la duda permanente,
con la luna como único amigo
y una navaja de afeitar como conclusión?

Ahora quiero, pues, enseñarte a vivir
como el moscardón se ríe burlonamente del matamoscas
y como la intemporal cucaracha
toma un atajo a través del fuego.

Jag har varit död för länge
för att respektera det ni kallar utradering.
Det jag vrålar i ditt döva öra
är att människan finns. Du klagar
att du sett henne pyra och krökas
med svartnande, bubblande hud.
Ja, viskar du sett henne bli till aska.
Då vill jag säga dig vad jag förstått
i allt man anser mig ha lärt ut:
Det som är människa i människan
kan inte brinna.

Llevo demasiado tiempo muerto
para respetar lo que llamáis borrar.
Lo que vocifero en tu oído sordo
es que el hombre existe. Tú te lamentas
de que lo has visto humear y doblegarse
con piel ennegrecida, burbujeante.
Sí, susurras que lo has visto convertirse en ceniza.
Entonces quiero decirte lo que he comprendido
en todo lo que se considera que he enseñado:
Lo que es hombre en el hombre
no puede arder.

Dröm

Tyckte jag var till sängs med ett fruntimmer,
dock vänd ifrån henne.
Hon grep om min lem som blev stor.
Jag vände mig om, applicerade,
vek sig, trängde dock in. Han är lång, sa hon.
Jag tänkte därav måste bli barn. Och gick av –
som om en raket slog upp över mig
i ett regn av gnistor.
Hon bet mig i örsnibben, viskade: Swedenborg,
vilket högeligen förskräckte mig,
särskilt som far i biskopskappa passerade,
mörk i uppsyn, utan ett ord.

Betyder: jag har umgåtts med vettenskapen
och högmodigt satt mitt namn på den.

Min förhävelse ertappad naken
med droppande lem
iförd sin solkiga skjorta allenast.

Märkte tvärt hur fötterna stank
och benen kliade, bitna av vägglöss.
Hittade inte ens peruken.
Gud tryckte ner mitt anlet i skiten
som när man fostrar en hundvalp.

Sueño

Me pareció que estaba en la cama con una mujer,
aunque vuelto de espaldas a ella.
Me cogió el pene que se hizo grande.
Me volví, lo apliqué,
se dobló, sin embargo penetró. Es largo, dijo ella.
Pensé de ahí tiene que salir niño. Y estalló –
como si un cohete hubiese explotado encima de mí
en una lluvia de chispas.
Ella me mordió en el lóbulo, susurró: Swedenborg,
lo que me asustó sobremanera,
especialmente porque mi padre pasaba revestido de
        obispo,
con aspecto sombrío, sin decir palabra.

Significa: yo me he tratado con la ciencia
y orgullosamente he puesto mi nombre en ella.

Mi jactancia sorprendida desnuda
con un miembro goteante
vestida únicamente con su sucia camisa.

Noté inmediatamente que mis pies hedían
y las piernas me picaban, atacadas por chinches.
Ni siquiera encontraba la peluca.
Dios aplastó mi rostro en la basura
como cuando se educa a un cachorro.

Nu förstår jag en annan dröm härförleden.
Om boken jag löste ut med nio styver.
Alla sidor i den var blanka men lyste
som om änglars ansikten ville därur.
Tycks kräva en större text av mig
så som Bibelns version av världens tillkomst
pekar fram mot en rikare skapelse.
Kvarterets svårtydda gränder och skjul
vill bli till en stad som glimmar av mening.
Kvidande ofödda söker mig.
Och den tomma himlen tigger färg.

Ahora entiendo otro sueño de hace unos días.
Sobre el libro que rescaté de correos con nueve monedas.
En él todas las páginas estaban en blanco pero lucían
como si quisieran salir de allí rostros de ángeles.
Parece exigir de mí un texto mayor
que como la versión de la Biblia de la génesis del mundo
apunte hacia una creación más rica.
Los enigmáticos callejones y chabolas del barrio
quieren llegar a ser una ciudad que relumbre de sentido.
Me buscan quejumbrosos nonatos.
Y el cielo vacío mendiga color.

Afton den sjätte dagen

Makternas krav för att låta mig möta
min älskade i skuggornas värld
var att jag avstod mig själv, stycke
för stycke, i trappan ner genom mörkret.
Det första trappsteget fick mitt hår –
det lyste mig några alnar på väg.
Också ansiktet som jag avstod ifrån
spred ett skimmer, ärrat av koppor.
Ögonen kunde jag lämna ifrån mig
när mörkret ändå tätnade kring mig.
Ett trappsteg fick mitt förgråtna hjärta,
ett annat mitt förtvinande sköte.
Svårast var att avstå från minnena;
bild efter bild blänkte till av smärta.
Till sist var jag bara en skugga bland skuggor.
Men två klenoder hade jag gömt
i ett veck av skugga i dräkten av skugga:
det kliande minne som stavas kärlek
och en grånad droppe av mitt blod.

Nog fann jag min älskades skugga
men den trevade över mig
utan att känna igen.
Då strök jag droppen av blod på hans läppar,
den mörkare skuggning som var hans läppar,
och han häpnade –
Min hand som inte längre var hand
grep hans hand som ännu var skugga.

La tarde del sexto día

La exigencia de los poderes para dejar que me reuniese con
mi amado en el mundo de las sombras
fue que renunciase a mí misma, trozo
a trozo, en las escaleras que bajan por la oscuridad.
El primer escalón se quedó con mi cabello –
me iluminó unas varas en el camino.
También el rostro al que renuncié
difundió un resplandor, picado de viruelas.
Los ojos pude abandonarlos
cuando la oscuridad en todo caso se cerraba a mi alrededor.
Un escalón se quedó con mi lloroso corazón,
otro con mi sexo marchito.
Lo más difícil fue renunciar a los recuerdos:
imagen tras imagen refulgían de dolor.
Finalmente yo no era más que una sombra entre sombras.
Pero había escondido dos joyas
en un pliegue de sombra en el vestido de sombra:
el recuerdo urticante que se escribe amor
y una gota, ya grisácea, de mi sangre.

Claro que encontré la sombra de mi amado
pero palpaba a tientas mi cuerpo
sin reconocerme.
Entonces le limpié la gota de sangre de los labios
el sombreado más oscuro que eran sus labios
y él se asombró –
Mi mano que ya no era mano
agarró su mano que aún era una sombra.

Och vi började klättra uppåt i mörkret.
För varje trappsteg skapade vi
ett stycke av den andra – en förtrogen kontur,
de ögon som en gång valde den andra.
Ja, smekte fram kön som kände varandra.

Nära ljuset vid trappans slut,
när vi andats andedräkt i varandra
blev vi stående på ett trappsteg
som hade något att säga oss:
håll din bild av den andra tillbaka
och låt den andra bli den andra.
Häpna hejdade vi oss,
innan skapelsen fullbordats,
för att tygla kravet att känna igen.
Och det var afton den sjätte dagen.

Y empezamos a subir en la oscuridad.
Por cada escalón creábamos
un trozo del otro – una silueta familiar,
los ojos que una vez eligieron al otro.
Sí, creamos con caricias sexos que se conocían.

Cerca de la luz al final de la escalera,
al alentarnos aliento uno en el otro
nos paramos en un escalón
que tenía algo que decirnos:
retén tu imagen del otro
y deja que el otro sea el otro.
Asombrados nos detuvimos,
antes de que se consumase la creación,
para refrenar la exigencia de reconocer.
Y era la noche del sexto día.

Libera me

Vilket löfte var inte 1789!
Men revolutionen var ofullbordad –
kvinnans husarrest bara förlängdes.
En skrift i ämnet var uppenbart plitad
med det skrivdon författaren bar mellan benen.
Hans stickande mödrar dög som vittnen
kring giljotinen där karlarna vårdade jämlikheten.
Mitt svar var *The rights of woman.*

Mitt eget öde blev spridda skärvor.
En tid i ett fruset Paris
där husen svettades misstänksamhet
och ett uppsnappat brev betydde schavotten.
En kärlek som förde till Sverige
på vettlös spaning efter en skatt –
allt *det* gav var stanken av sill
som åkrarna gödslats med.

Min andra dotter blev min död. Läkarens
fingrar kunde nog krafsa ut placentan
men hade febern med sig in.

Också min mission var ofullbordad.
Men dödsåret 1797
under namnet Mary Wollstonecraft
fick inte stå oemotsagt.
Historien tvingade in mig i slagsmål

Libera me

¡Qué promesas las de 1789!
Pero la revolución estaba inacabada –
el arresto domiciliario de la mujer simplemente se prolongó.
Un escrito sobre el tema fue pergeñado obviamente
con el recado de escribir que el autor llevaba entre las piernas.
Sus madres que hacían punto en torno a la guillotina
donde los hombres cuidaban de la igualdad, sirvieron
          como testigos.
Mi respuesta fue *The rights of women*.

Mi propio destino fueron fragmentos dispersos.
Un tiempo en un París helado
donde las casas rezumaban suspicacias
y una carta interceptada significaba el patíbulo.
Un amor me llevó a Suecia
en la búsqueda enloquecida de un tesoro –
todo *lo que* dio fue el hedor del arenque
con el que se abonaban los campos.

Mi segunda hija fue mi muerte. Los dedos
del médico pudieron sacar la placenta
pero introdujeron la infección.

También mi misión quedó inacabada.
Pero el año de la muerte 1797
bajo el nombre de Mary Wollstonecraft
no iba a quedar sin respuesta.
La Historia me obligó a pelear

med konstaplarna på Londons gator
mer än ett sekel senare. Och ställde mig i spetsen
för kvinnornas intåg i parlamentet
i en sky av flisor från sprängda dörrar.

con los policías en las calles de Londres
más de un siglo después. Y me colocó en cabeza
de la entrada de las mujeres en el parlamento
en medio de una nube de astillas de puertas reventadas.

Kör

Vi är den strukna historien.
Vi är de som aldrig har funnits.

Vi slaktades med ryggen mot berget.
Vårt brott var att heta armenier –
redan namnet sågs som ett upprorsförsök.
Svårt var att se hur barnen höggs ner.
Svårast att detta sägs aldrig ha hänt.

Vi var möjliga motståndsmän,
kanske trettio tusen, en polsk grammatik
som måste hejdas före sitt språk.
Själva den dagen vi stod vid kanten
av de stumma diken vi tvingats gräva,
själva den glesa skogen omkring oss,
det darrande ljuset ner genom barren –
allt har skrapats bort ur historien.
Vi blev aldrig mer än ett böjningsmönster.
Och vår död har aldrig ägt rum.

Vi var de som tänkte på tvären
och försökte ge vår socialism
några drag av människa, kanske ett flin
eller en ansats till medkänsla,
ja, rentav ögon som vågade se.
Vi raderades ut från alla foton
och klipptes bort ur statens minne
men blev kvar som ett trotsigt begrepp.

68

Coro

Somos la historia borrada.
Somos los que nunca hemos existido.

Fuimos masacrados con la espalda contra la roca.
Nuestro crimen fue llamarnos armenios –
ya el nombre se veía como un intento de rebelión.
Duro fue ver como acuchillaban a los niños.
Aún más duro que se diga que esto no ha ocurrido nunca.

Éramos posibles resistentes,
quizá treinta mil, una gramática polaca
que debe detenerse antes de hacerse idioma.
El día mismo que estábamos en el borde
de la zanja muda que nos habían obligado a cavar,
el bosque mismo que ralo nos rodeaba,
la luz temblorosa que caía a través de las agujas –
todo ha sido borrado de la historia.
Nunca fuimos más que un modelo de conjugación.
Y nuestra muerte nunca ha tenido lugar.

Éramos los que pensábamos de través
y tratábamos de dar a nuestro socialismo
algunos rasgos humanos, quizá una sonrisa burlona
o un conato de compasión,
sí, simplemente ojos que se atrevían a mirar
Nos borraron de todas las fotos
y fuimos recortados de la memoria del estado
aunque permanecimos como un concepto desafiante.

Vi reser oss rasslande, halvt abstrakta,
för att kräva den värld som vägrades oss.
Samlar oss under en himmel av jord
med bärnsten som lyse.

Nos alzamos crujiendo, medio abstractos,
para exigir el mundo que nos fue negado.
Nos reunimos bajo un cielo de tierra
con ámbar como iluminación.

Inquisitio

När det avslöjats att jag var gay
ställdes jag inför inkvisitionen –
gubbar som bugade spanskt för varandra
innan de lät sig formas
av de erfarna stolar de slog sig ner i.
Deras ansikten var av mörkt pergament
som skrapats och skrapats
för varje sekels nya skrift
men vårdat spåren av de tidigare.

Nå, vidgick jag namnet, Alan Turing,
och min bostadsadress i Den rätta staden?
Jag har aldrig förnekat min identitet.

Framför domarna stod en våg med två skålar.
I den ena lades min insats i kriget
när jag knäckte tyskarnas krypto
och min ritning till en maskin
som tävlade med den mänskliga hjärnan.
I den andra att jag älskat med män.
Och den vågskålen sjönk så häftigt
att den första spillde sitt innehåll.

Jag dömdes att få munnen hopsydd
och testiklarna brända till aska
så att mina kätterska tankar

Inquisición

Cuando se descubrió que yo era gay
me llevaron ante la inquisición –
ancianos que se hacían reverencias a la española
antes de permitir que los moldeasen
las experimentadas sillas en las que se sentaban.
Sus rostros eran de oscuro pergamino
que había sido raspado y raspado
para la nueva escritura de cada siglo
aunque conservado huellas de los precedentes.

Bueno, ¿admití el nombre, Alan Turing,
y la dirección de mi domicilio en La ciudad correcta?
Nunca he negado mi identidad.

Ante los jueces había una balanza con dos platillos.
En uno pusieron mi contribución a la guerra
cuando conseguí averiguar la clave de los alemanes
y mis planos para una máquina
que competía con el cerebro humano.
En el otro que había hecho el amor con hombres.
Y ese platillo se hundió con tal violencia
que el primero derramó su contenido.

Me condenaron a que me cosiesen la boca
y a que me quemasen los testículos hasta hacerlos ceniza
para evitar que mis heterodoxos pensamientos

och min sjuka säd
inte spred smitta i kommande sekler.

Men man lyckades inte helt radera
det utkast som bar mitt namn.
Ni som finner varandra i cyberrymden
lånar min röst.

y mi semen enfermo
contagiasen siglos futuros.

Pero no consiguieron borrar totalmente
los bocetos que llevaban mi nombre.
Vosotros, los que os encontráis en el ciberespacio,
tomáis prestada mi voz.

Fågelpredikan

Jag är allt som är kvar av vår by,
för vissnad att våldtas.
Man kallar mig svagsint
för att jag menar mig tyda fåglarnas språk
och känner Afrikas smärta i lederna.

Jag har hört trastarna predika
om de vitas hungriga välde
som strök ett stycke i Genesis
och lämnade naturen flämtande
som om den inte längre fick luft.

Och jag har hört svalorna profetera
om de svarta som skulle komma
på vingar stulna ur Koranen
och ta våra barn. De förfärade träden
försökte dra upp sina rötter och fly.

När rebellerna väl präntat in sitt budskap
och tvingade upp våra flickor på flaket
hörde jag själva marken skrika
i de dödades ställe.

Jag vandrar bort för att söka de mina
i by bortom by, bortom tiden om så krävs.
Jag märker hur skogen omkring mig

Sermón de las aves

Soy todo lo que queda de nuestra aldea,
demasiado marchita para ser violada.
Me llaman tonta
porque digo que puedo interpretar el lenguaje de las aves
y siento el dolor de África en las articulaciones.

He oído predicar a los tordos
sobre la ávida opresión de los blancos
que tacharon un fragmento del Génesis
y dejaron a la naturaleza jadeando
como si ya no tuviese aire para respirar.

Y también he oído profetizar a las golondrinas
sobre los negros que iban a llegar
volando con alas robadas al Corán
a llevarse a nuestros hijos. Los árboles horrorizados
trataron de arrancar sus raíces y huir.

Cuando los rebeldes nos inculcaron su mensaje
y obligaron a nuestras hijas a subir a lo camiones
oí a la mismísima tierra gritar
en lugar de los asesinados.

Me voy caminando para buscar a los míos
en aldea tras aldea, más allá del tiempo si es necesario.
Noto cómo el bosque que me rodea

har ryggat till ett längesen. Och fåglarna låter
som om de just flugit upp ur moderhavet.
Också deras rymd är ofullbordad.

ha retrocedido hasta un hace tiempo. Y las aves parece como si acabasen de salir volando del mar madre. También su espacio está incompleto.

Språket

Döden, mästaren från München,
strök ut himmel, landskap och ansikten
ur en förtrogen bruntonad tavla
som trott sig stamma från Bonde-Bruegel.
Här och var ligger väven bar
med långa trådar som kallas lydnad.
Det är troligen här jag är född.

Kan främlingar erövra språket
som cancern erövrar våra celler
och vänder dem mot oss själva?
Tills det som en gång var vårt språk
fräter i lever och lungor.

Mitt armbandsur vet besked.
Medan jag flyter längs Seinen ur tiden,
med ansiktet nere i vattnet,
ligger klockan kvar på nattduksbordet
och tickar fram berättelsen
om far som dog av tyfus i lägret
och mor som sköts med ett nackskott.
Klockans dröm är att en dag få stanna
eller hellre: ha tillåtits stanna före historien.
Den har oxiderats av sina minnen.
Vad den vill visa är språk, inte tid,
språk som reser sig ur sin sjukdom.

El idioma

La muerte, el maestro de Munich,
borró cielo, paisaje y rostros
de un cuadro de tono marrón bien conocido
que se creyó que provenía de Brueghel el Viejo.
Aquí y allá la urdimbre está al descubierto
con largos hilos llamados obediencia.
Es probablemente aquí donde nací.

¿Pueden los extranjeros conquistar el idioma
tal como el cáncer conquista nuestras células
y las vuelve contra nosotros mismos?
Hasta que aquello que una vez fue nuestro idioma
corroa hígado y pulmones.

Mi reloj de pulsera sabe.
Mientras salgo del tiempo flotando a lo largo del Sena,
con la cara bocabajo en el agua,
el reloj sigue en la mesilla de noche
y cuenta con su tic tac la historia
del padre que murió de tifus en el campo de exterminio
y la madre a la que le pegaron un tiro en la nuca.
El sueño del reloj es poder pararse un día
o mejor: que le permitiesen pararse antes de la historia.
Sus recuerdos lo han oxidado.
Lo que quiere mostrar es idioma, no tiempo,
idioma que se levanta de su enfermedad.

Kan orden brinna?
Vår stora ordbok tvekar om svaret
bak ryggar nötta av erövrarna.
Här och var har den brandplatser,
ställen där ord har mist sin mening
och det som är mening är svårlästa flagor.
Ett sådant slocknande ord är "minne".
Ett ännu pyrande ord är "hem".

I en sådan värld är begreppet "änglar"
ingenting annat än tystnad.
Som änglarna i Vézelay, i det översta rummet
med utsikt över korstågen:
mänskliga fåglar som fångats i putsen
med ansiktet vänt mot väggen, som jag
med ansiktet vänt mot flodens botten,
en uppgiven tystnad
i azurblått och slocknande rött.

Jag bröt mig ut ur mitt verk
som just brutits sönder bakom mig.
Jag hörde dess knotor och revben
rasslande pröva att resa sig
för att rasa ihop i depressiv stumhet.
Men det är en stumhet som inte ger sig.
Jag är på väg, virvlar runt,
sjunker och stiger,
flyter allt längre in i den glömska
som till sist är vårt hem.
Och vårt envisa språk.

¿Pueden arder las palabras?
Nuestro gran diccionario duda sobre la respuesta
tras lomos desgastados por los conquistadores.
Aquí y allí hay espacios quemados,
lugares donde las palabras han perdido su significado
y lo que es significado son pavesas difícilmente legibles.
Una de esas palabras que se apagan es "recuerdo".
Una palabra todavía humeante es "casa".

En un mundo así el concepto "ángeles"
no es más que silencio.
Como los ángeles en Vézelay, en la habitación de arriba
con vistas sobre las cruzadas:
pájaros humanos atrapados en el enlucido
con el rostro vuelto hacia la pared, como yo
con la cara vuelta hacia el fondo del río,
un silencio resignado
en azur y rojo mortecino.

Me he escapado de mi obra
que se acaba de romper tras de mí.
Oí sus huesos y costillas
crujir al intentar levantarse
y luego desmoronarse en una mudez depresiva.
Pero es una mudez que no se rinde.
Estoy en camino, doy vueltas,
me hundo y asciendo,
fluyendo me adentro cada vez más en ese olvido
que finalmente es nuestro hogar.
Y nuestro obstinado idioma.

Fuga

Kastar mig fram och tillbaka på tältsängen,
snärjd i moskitnätet, svettas svårt:
Hur många flyende får plats
i en enda människa? Utan whiskyn
skulle jag inte klara natten.

Just nu: en mor och hennes små flickor
kryper genom ett hirsfält. Hon fruktar
att den lilla ska börja gråta
och de andra i skaran kväva henne.

Det har spritt sig att jag är läkare
och flyktingströmmen böjer av hitåt –
ungar med magar som vattensäckar
och kvinnor som fläkts ut och in.
Hur många förtvivlade ryms i mig?

Just nu: någon vilar på droppande åror
medan patrullbåten glider förbi i mörkret.
Och plötsligt är allt ett strålkastarljus.

När jag försöker sy ihop
det ena folkets uppslitna buk
hotar det andra folket, farande skuggor,
att hugga av mig händerna.
Hur mycket måste vi förlåta?

Fuga

Doy vueltas inquieto en el catre de campaña,
enredado en la mosquitera, sudando copiosamente:
¿Cuántos fugitivos caben
en una sola persona? Sin el whisky
yo no superaría la noche.

Justo ahora: una madre y sus hijitas
se arrastran por un campo de mijo. Teme
que la pequeña se eche a llorar
y las otras del grupo la ahoguen.

Se ha corrido la voz de que soy médico
y el alud de refugiados dobla hacia aquí –
niños con vientres como bolsas de agua
y mujeres con las entrañas al aire.
¿Cuántos desesperados caben en mí?

Justo ahora: alguien descansa en remos goteantes
mientras las patrulleras pasan deslizándose en la oscuridad.
Y de repente todo es luz de un reflector.

Cuando intento coser
el vientre rasgado de uno de los pueblos
me amenaza el otro pueblo, sombras errantes,
con cortarme las manos.
¿Cuánto tenemos que perdonar ?

Just nu: de vadar genom ett vattendrag
för att undgå de vädrande hundarna
och ropen Döda! Döda! Deras förflutna
har nyss hunnits upp.

Jag blir till ett bråkigt flyktingläger,
min hjärna ett gytter av gråa skjul
som spikats ihop av hopp och skräck.
Men också det inbördes hatet är med
som en stank av latrin genom dagarna.

Hur kan den halva av världen som bränns
skapas på nytt i den halva som skonas?
Röken tar våra förbehåll.
Röken är full av ansikten
som bara är ögon och flykt.

Justo ahora: vadean una corriente de agua
para evitar los perros husmeadores
y los gritos ¡Muerte! ¡Muerte! Acaba de
ser alcanzado su pasado.

Me convierto en un campo de refugiados bullicioso,
mi cerebro es un revoltijo de chozas grises
construidas de esperanza y miedo.
Pero también sigue allí el odio recíproco
como un hedor a letrina que envuelve los días.

¿Cómo puede esa mitad del mundo que arde
volver a crearse en la mitad que queda intacta?
El humo se lleva nuestras cautelas.
El humo está lleno de rostros
que sólo son ojos y huida.

Kör

De som överlevde Förintelsen
skulle mötas här vid Hotel Lutetia
där Rue de Sèvres korsar Boulevard Raspail.
Det var vårt motstånd mot historien.

Barackerna var ett språk från Bayern
som reducerade oss till hår och skor.
Våra tankar hängde brända på stängslen.
Sjok av himmel och landskap var borta
liksom varje begriplighet.
Men vår dröm om ett möte bortom tiden
fanns kvar bland de trasor som var vi,
sammantryckta i skitiga sovbås.
Också vi som var brända ben
drömde om den avlägsna dag
då vi skulle resa oss rasslande
och komma de andras ben i möte.

Nu är vi till sist på avtalad plats
och ser de våra nalkas på avstånd
med steg som inte brinner längre.
Men vi tror inte på deras verklighet än,
inte starka nog att känna igen.
Därför stirrar vi in i hotellets fönster
för att se dem komma i spegelbilden.
Vi måste möta varandra försiktigt

Coro

Los que sobrevivieron al Holocausto
iban a reunirse aquí en el Hotel Lutetia
donde la Rue de Sèvres cruza el Boulevard Raspail.
Era nuestra resistencia a la historia.

Los barracones eran un idioma de Baviera
que nos reducía a pelo y zapatos.
Nuestras ideas colgaban quemadas en las alambradas.
Jirones de cielo y paisaje habían desaparecido
así como todo medio de entendimiento.
Pero nuestro sueño de un encuentro fuera del tiempo
permanecía entre los harapos que éramos nosotros,
apelotonados en sucias cabinas para dormir.
También nosotros que éramos huesos quemados
soñábamos con el lejano día
en el que nos levantaríamos crujiendo
e iríamos a encontrarnos con los huesos de los otros.

Ahora estamos por fin en el lugar concertado
y vemos a los nuestros acercarse a lo lejos
con pasos que ya no arden.
Pero nosotros aún no creemos en su realidad,
no somos lo bastante fuertes para reconocer.
Por eso miramos fijamente en las ventanas del hotel
para verlos llegar en una imagen especular.
Tenemos que encontrarnos con cuidado

för att glädjen inte ska bli för häftig
för oss som så länge saknat den.
Till sist går vi mot varandra, beslutsamt
som ville vi skingrade som församlats
hjälpa den hejdade Skapelsen.

Efter ett ögonblicks tvekan
smeker ett svartnat fragment av en hand
en alltför länge saknad tinning.
Och rök som kan ha varit ett barn
kramas av rök med form av en mor.

para que la alegría no nos sea demasiado intensa
a nosotros que la hemos añorado tanto tiempo.
Finalmente vamos unos hacia otros, decididos,
como si nosotros, gentes dispersas que se han reunido,
quisiésemos ayudar a la Creación interrumpida.

Tras un instante de duda
un ennegrecido fragmento de mano acaricia
una sien demasiado tiempo añorada.
Y un humo que pudo haber sido un niño
es abrazado por un humo con forma de madre.

Några sakupplysningar

Temat är inte nytt i författarskapet. I arbetspapperen bakom samlingen *Försök till liv* har jag funnit denna anteckning från 1978: "Detta är ett stycke av skapelsen som måste återupprättas, åter och åter." I romanen Missförståndet (1989) sägs: "vi som bär ansvaret för den fortsatta skapelsen".

Ett återkommande motiv, de dödas ben som rasslande reser sig, är lånat från Hesekiel 37, där profeten hör rasslandet av ben som fogas samman, ser dem få senor, kött och hud och befordrar Guds befallning till anden: "Blås på dessa dräpta och ge dem liv!"

Arioso. Emily kan utläsas Emily Dickinson, den stora poeten i senare amerikanskt 1800-tal.

Fågelpredikan. Genesis: 1:a Mosebok, med dess berättelse om Skapelsen.

Språket. Tanken på glömskan som vårt hem går tillbaka på Paul Celans Heimfahrt ins Vergessen. (Poeten befinner i fokus för stycket.)

"Fuga" är ett ord både för flykt och för en musikform.

Comentarios

El tema no es nuevo en mi obra literaria. Entre los papeles de trabajo que quedaron del poemario *Försök till liv* (*Intento de vida*) he encontrado este apunte de 1978: "Este es un trozo de la creación que se debe reconstruir, una y otra vez". Y en la novela *Missförståndet* (*El malentendido*, 1989) se dice: "nosotros que llevamos la responsabilidad de continuar la creación."

Un motivo recurrente, los huesos de los muertos que se levantan crujiendo, está tomado de Ezequiel: 37, en el que el profeta oye el crujir de huesos que se juntan, los ve cómo se cubren de nervios, carne y piel y transmite la orden de Dios al espíritu: "¡Sopla sobre esos muertos y dales vida!"

Arioso. Emily puede leerse como Emily Dickinson, la gran poetisa norteamericana de finales del siglo XIX.

Sermón de las aves. Génesis: 1:1, con su narración sobre la Creación.

El idioma. La idea del olvido como nuestro hogar se remonta a *Heimfahrt ins Vergessen* de Paul Celan. (El poeta se encuentra en el foco del texto.)

Om författaren och översättaren

Kjell Espmark föddes 1930 i den lilla jämtländska staden Strömsund. Han är poet, författare och litteraturvetare. Han har varit verksam som professor i litteraturvetenskap vid Stockholms universitet fram till sin pensionering 1995 och har skrivit ett stort antal essäer om den svenska modernismen. Sedan 1981 är han ledamot av Svenska Akademien och han har även varit ordförande i dess Nobelkommittén.

Espmark debuterade som poet 1956 och har sedan dess sedan publicerat tolv diktsamlingar, i vilka han kritiskt granskar Sveriges och Europas historia. Dessutom har han givit ut romansviten *Glömskans tid* som består av sju korta romaner och behandlar det samtida svenska samhället.

Hans verk har översatts till ett tjugotal språk och han har också tilldelats flera internationella litterära priser. På spanska finns tidigare utgivet en diktantologi med namnet *Röster utan grav*, samt diktsamlingarna *Vintergata* och *Den inre rymden* och romanen *Béla Bartók mot Tredje riket*, samtliga i översättning av Francisco J. Uriz. Dessutom finns en omfattande historik om Nobelpriset i litteratur i översättning av Marina Torres.

Francisco J. Uriz (Zaragoza, Spanien, 1932) är poet, dramatiker och översättare. Han har översatt en väsentlig del av den svenska samtida poesin till spanska. I Spanien har han tilldelats det nationella översättarpriset för den omfattande antalogin *Poesía nórdica* samt det nationella översättarpriset för hela sin översättargärning. Han har även tilldelats Svenska Akademins tolkningspris.

Sobre el autor y el traductor

Kjell Espmark nació en 1930 en Strömsund, pequeña ciudad de la norteña provincia de Jämtland, en Suecia. Es poeta, novelista, e investigador literario. Fue catedrático de Literatura comparada en la Universidad de Estocolmo hasta su jubilación en 1995, y es autor de una importante obra ensayística, en la que destacan sus trabajos sobre poesía moderna. Es miembro de la Academia Sueca desde 1981 y fue presidente de su comité Nobel.

Debutó como poeta en 1956 y desde entones ha publicado doce poemarios en los que pasea su mirada crítica por Suecia y la historia de Europa, además de una serie de siete novelas sobre la Suecia de nuestros días que llevan el título general de *Tiempo de olvido*.

Su obra ha sido traducida una veintena de idiomas y ha obtenido numeroso premios internacionales. En castellano se ha publicado una amplia selección de su obra poética con el título de *Voces sin tumba*, los poemarios *Vía Láctea* y *El espacio interior*, la novela *Béla Bartók contra el tercer Reich*, todas traducidas por Francisco J. Uriz, y un extenso ensayo sobre el premio Nobel, traducido por Marina Torres.

Francisco J. Uriz (Zaragoza, España, 1932) es poeta, dramaturgo y traductor. Ha traducido al castellano una parte sustancial de la mejor poesía sueca contemporánea. Entre otros, ha sido galardonado con el Premio Nacional a la mejor traducción por la amplia antología *Poesía nórdica*, con el Premio Nacional de Traducción por la obra de toda su vida, y con el premio a la traducción que otorga la Academia Sueca.

Otros títulos de la colección Bolchiro Bilingües

Don Quijote de la Mancha
Miguel de Cervantes, traducido por John Ormsby

Treasure Island – La isla del tesoro
Robert Louis Stevenson, traducido por J. A. Molina Foix

Dr. Jekyll & Mr. Hyde
Robert Louis Stevenson, traducido por J. A. Molina Foix

The Mystery of Cloomber – El misterio de Cloomber
Arthur Conan Doyle, traducido por A. J. Santiago Remacha

Bilingües infantiles:

The Moon Smiles Down – La luna sonríe
Tony Waters, traducido por James Cotiledon

My Brother and I – Mi hermano y yo
Bradley K. Harris, traducido por James Cotiledon

My Very Own Lighthouse – Mi propio faro
Francisco Cunha, traducido por Pablo N. Fernández

Dillan McMillan Please Eat Your Peas – Dillan McMillan, por favor, tómate tus guisantes
David Schneider, traducido por Pablo N. Fernández

Walking with Maga – Paseando con Maga
Maureen Boyd Biro, traducido por Pablo N. Fernández

Esta página se dejó intencionalmente en blanco